*This **Freaking Awesome** Journal Belongs To:*

_____

choose JOY

Date:_____ **HAPPINESS**

Today I am Grateful For...

_____
_____
_____
_____
_____
_____
_____

Date:_____ **JOY**

Today I am Grateful For...

_____
_____
_____
_____
_____
_____
_____

Life wants what is best for me. I am ok right now.

Date:_____ **HAPPINESS**

Today I am Grateful For...

_____
_____
_____
_____
_____
_____
_____

Date:_____ **JOY**

Today I am Grateful For...

_____
_____
_____
_____
_____
_____
_____

Date:_____ **HAPPINESS**

Today I am Grateful For…

_____
_____
_____
_____
_____
_____

Date:_____ **JOY**

Today I am Grateful For…

_____
_____
_____
_____
_____
_____

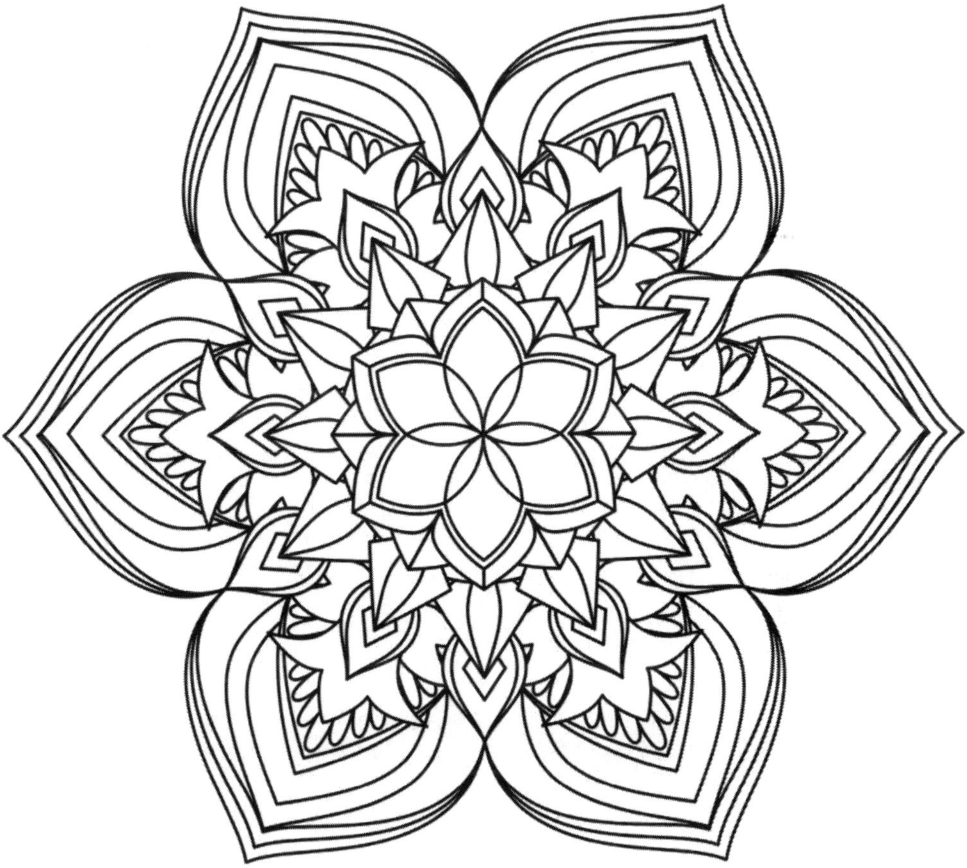

Date:_____ **HAPPINESS**

Today I am Grateful For...

_____

_____

_____

_____

_____

_____

Date:_____ **JOY**

Today I am Grateful For...

_____

_____

_____

_____

_____

_____

I was not made to give up...

Date:_____   **HAPPINESS**

Today I am Grateful For...

_____
_____
_____
_____
_____
_____
_____

Date:_____   **JOY**

Today I am Grateful For...

_____
_____
_____
_____
_____
_____
_____

Date:_____ **HAPPINESS**

Today I am Grateful For...

_____
_____
_____
_____
_____
_____

Date:_____ **JOY**

Today I am Grateful For...

_____
_____
_____
_____
_____
_____

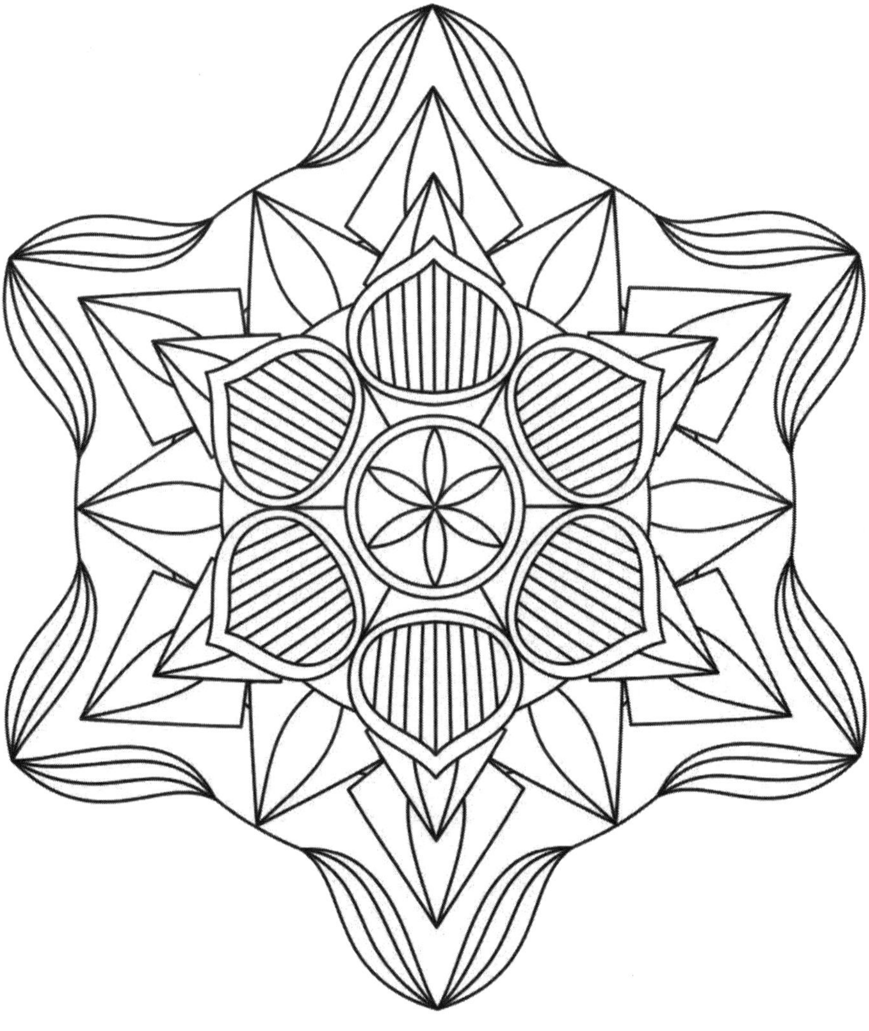

Date:_____ **HAPPINESS**

Today I am Grateful For...

_____

_____

_____

_____

_____

_____

Date:_____ **JOY**

Today I am Grateful For...

_____

_____

_____

_____

_____

_____

I am free from anxiety. I am in control...

Date:_____ **HAPPINESS**

Today I am Grateful For...

_____
_____
_____
_____
_____
_____
_____

Date:_____ **JOY**

Today I am Grateful For...

_____
_____
_____
_____
_____
_____
_____

Date:_____ **HAPPINESS**

Today I am Grateful For...

_____
_____
_____
_____
_____
_____
_____

Date:_____ **JOY**

Today I am Grateful For...

_____
_____
_____
_____
_____
_____
_____

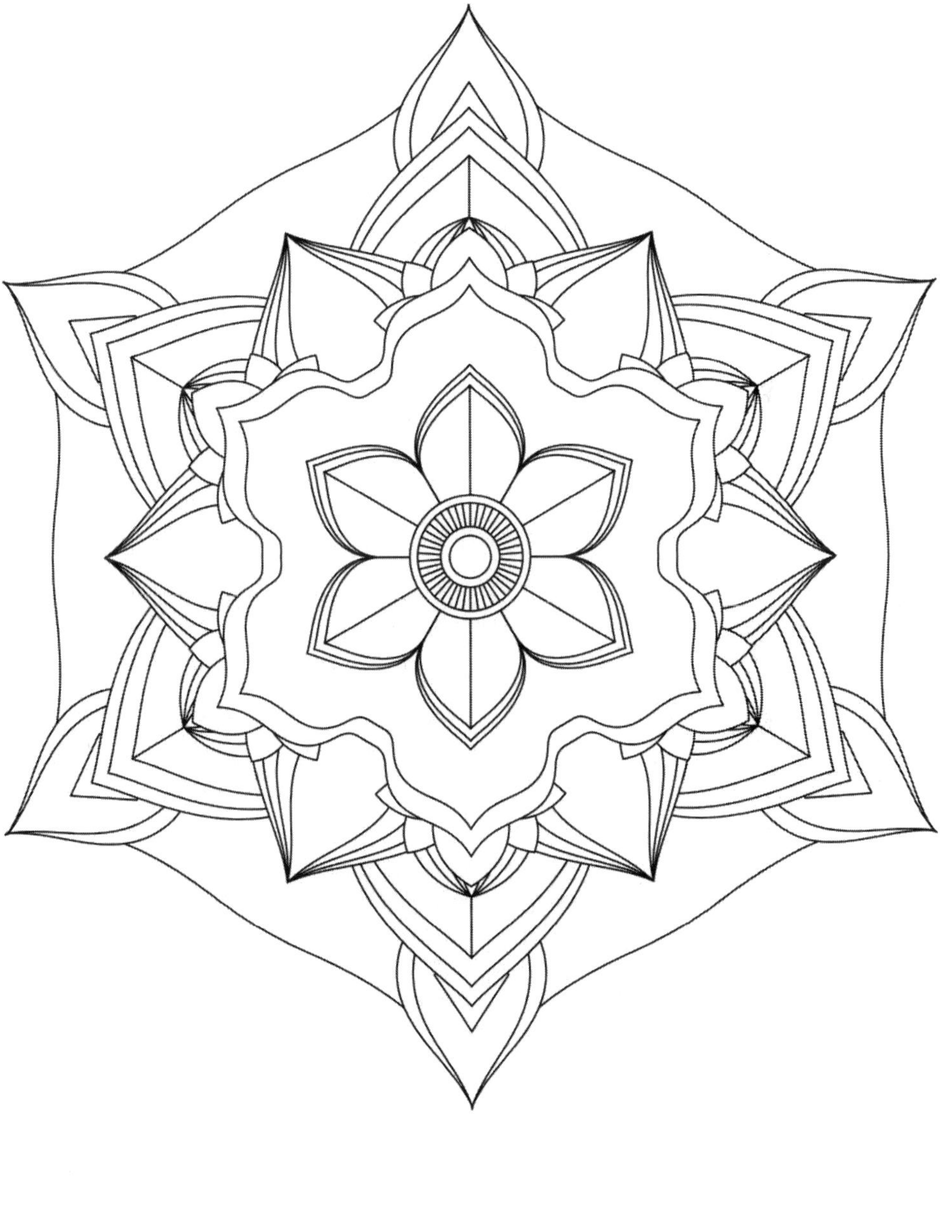

Date:_____ **HAPPINESS**

Today I am Grateful For...

_____
_____
_____
_____
_____
_____

Date:_____ **JOY**

Today I am Grateful For...

_____
_____
_____
_____
_____
_____

I believe in the person I dream of becoming...

Date:_____ **HAPPINESS**

Today I am Grateful For...

_____
_____
_____
_____
_____
_____
_____

Date:_____ **JOY**

Today I am Grateful For...

_____
_____
_____
_____
_____
_____
_____

Date:_____ **HAPPINESS**

Today I am Grateful For...

_____
_____
_____
_____
_____
_____
_____

Date:_____ **JOY**

Today I am Grateful For...

_____
_____
_____
_____
_____
_____
_____

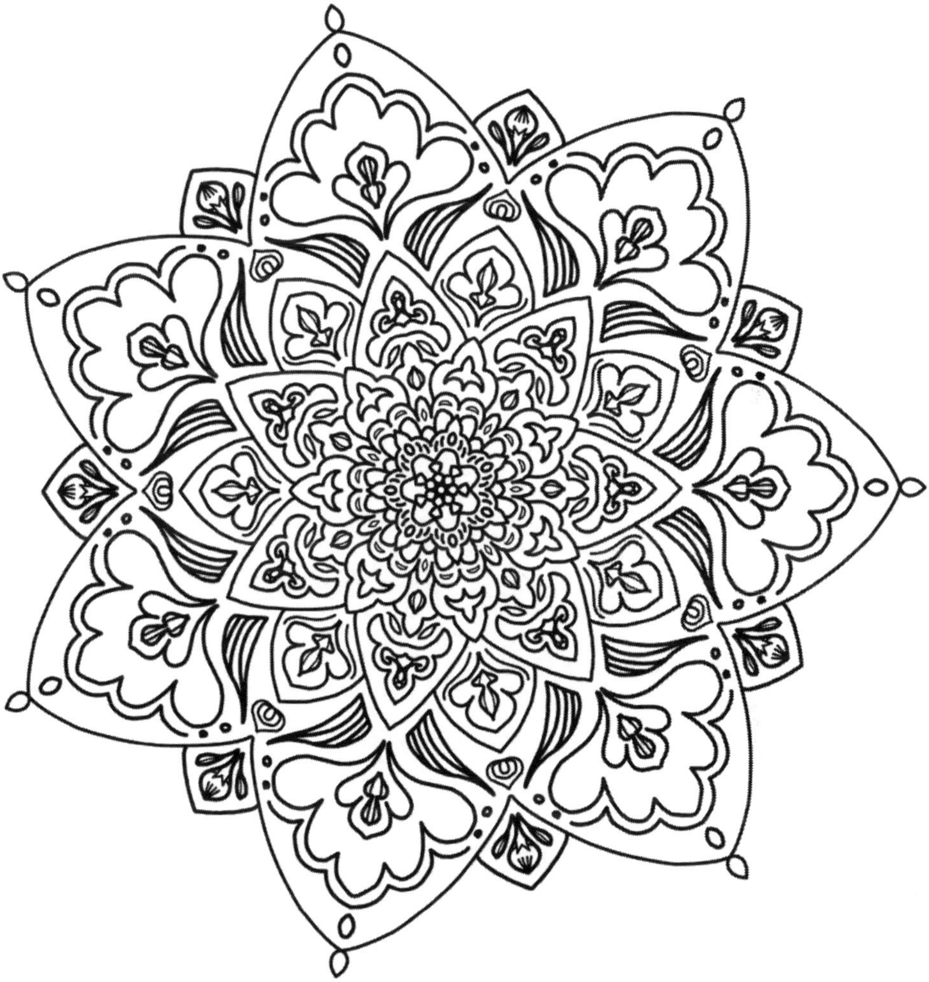

Date:_____ **HAPPINESS**

Today I am Grateful For...

_____
_____
_____
_____
_____
_____

Date:_____ **JOY**

Today I am Grateful For...

_____
_____
_____
_____
_____
_____

It's okay to take things one step at a time!

Date:_____ **HAPPINESS**

Today I am Grateful For...

_____
_____
_____
_____
_____
_____
_____

Date:_____ **JOY**

Today I am Grateful For...

_____
_____
_____
_____
_____
_____
_____

Date:_____ **HAPPINESS**

Today I am Grateful For...

_____
_____
_____
_____
_____
_____

Date:_____ **JOY**

Today I am Grateful For...

_____
_____
_____
_____
_____
_____

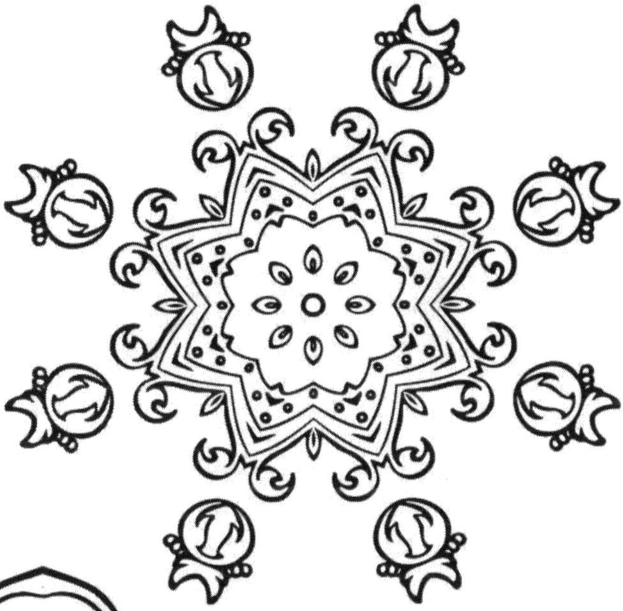

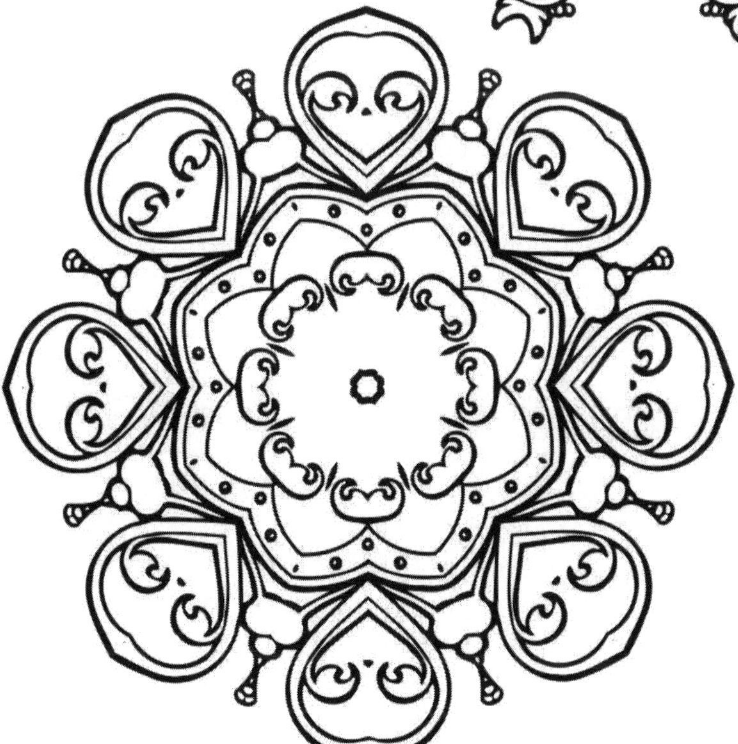

Date:_____ **HAPPINESS**

Today I am Grateful For...
_____
_____
_____
_____
_____
_____

Date:_____ **JOY**

Today I am Grateful For...
_____
_____
_____
_____
_____
_____

I'm courageous and can make it through…

Date:_____   **HAPPINESS**

Today I am Grateful For...

_____
_____
_____
_____
_____
_____
_____
_____

Date:_____   **JOY**

Today I am Grateful For...

_____
_____
_____
_____
_____
_____
_____
_____

Date:_____ **HAPPINESS**

Today I am Grateful For...

_____
_____
_____
_____
_____
_____
_____

Date:_____ **JOY**

Today I am Grateful For...

_____
_____
_____
_____
_____
_____
_____

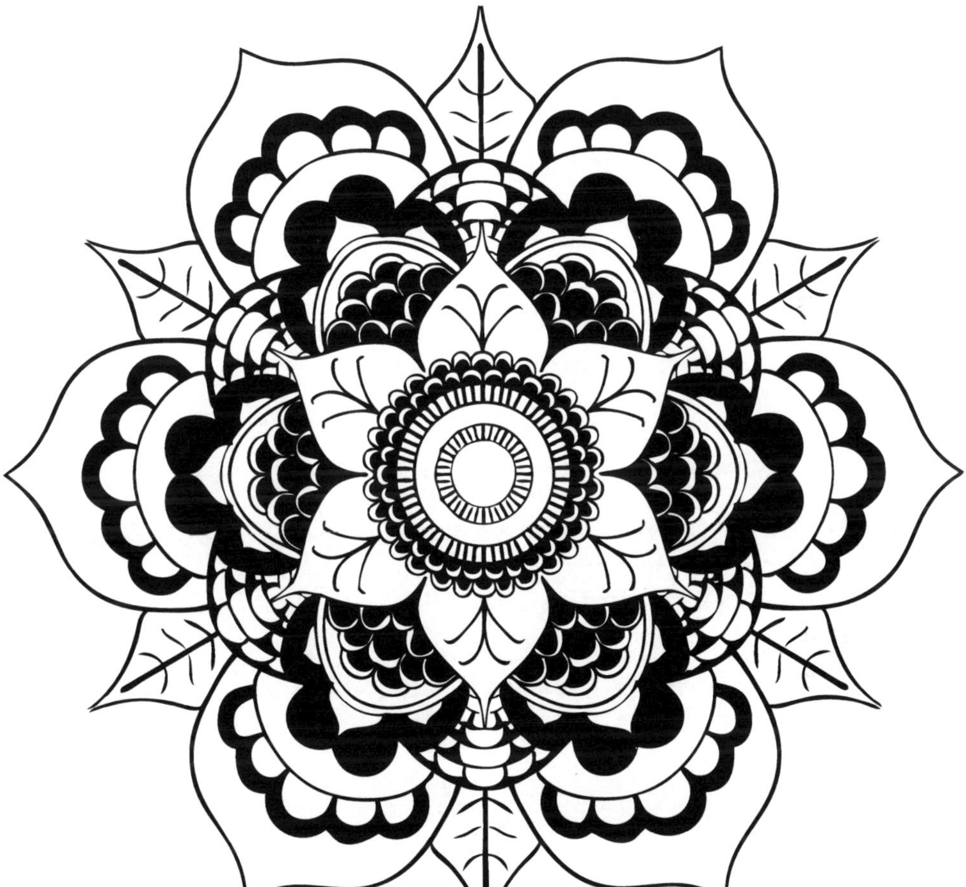

Date:_____ **HAPPINESS**

Today I am Grateful For...

_____
_____
_____
_____
_____
_____

Date:_____ **JOY**

Today I am Grateful For...

_____
_____
_____
_____
_____
_____

I know everything will work out...

Date:_____ **HAPPINESS**

Today I am Grateful For...

_____
_____
_____
_____
_____
_____
_____
_____

Date:_____ **JOY**

Today I am Grateful For...

_____
_____
_____
_____
_____
_____
_____
_____

Date:_____ **HAPPINESS**

Today I am Grateful For...

_____
_____
_____
_____
_____
_____
_____

Date:_____ **JOY**

Today I am Grateful For...

_____
_____
_____
_____
_____
_____
_____

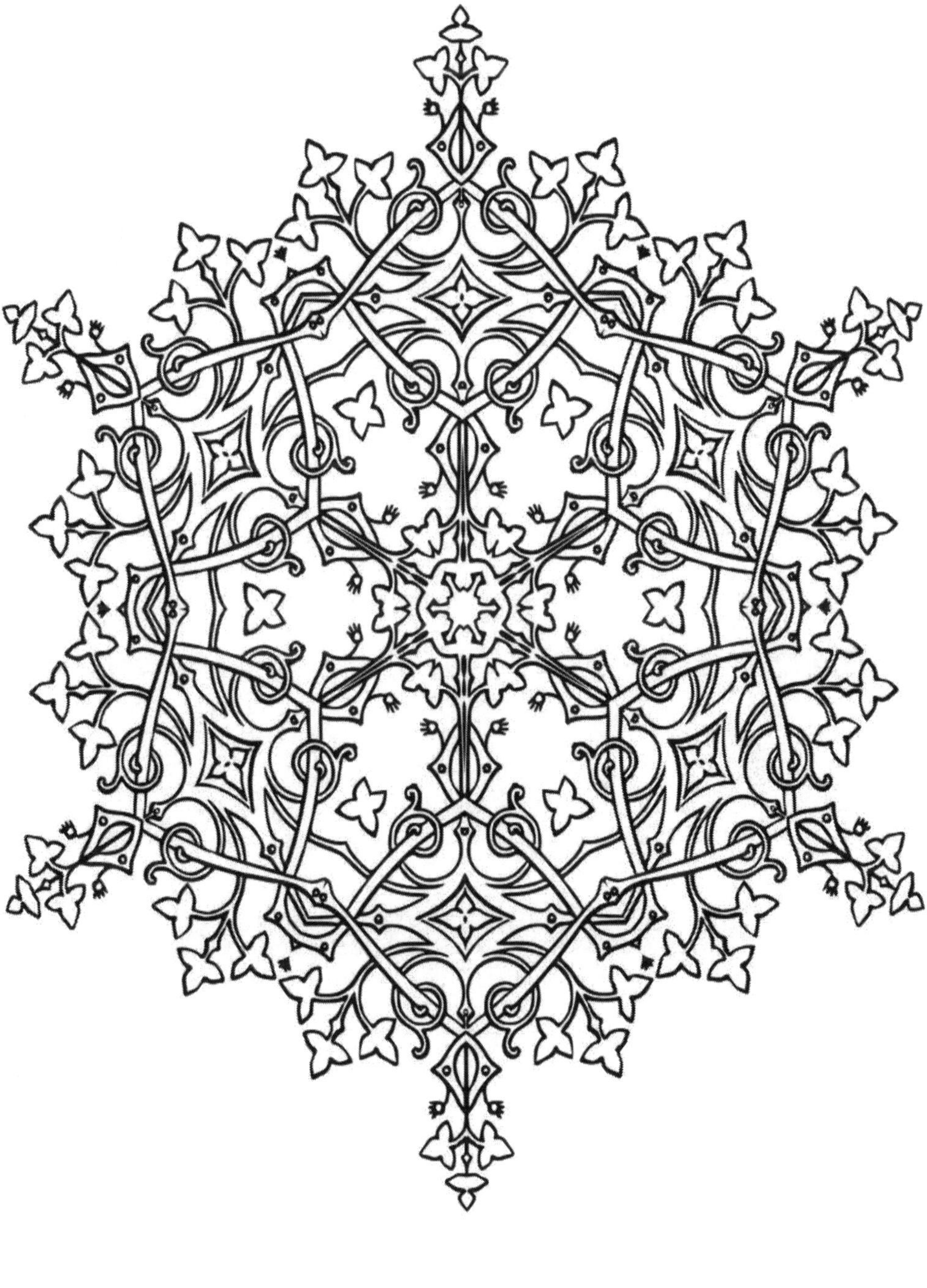

Date:_____ **HAPPINESS**

Today I am Grateful For...

_____
_____
_____
_____
_____
_____

Date:_____ **JOY**

Today I am Grateful For...

_____
_____
_____
_____
_____
_____

I am always in the right place at the right time.

Date:_____ **HAPPINESS**

Today I am Grateful For...

_____
_____
_____
_____
_____
_____
_____

Date:_____ **JOY**

Today I am Grateful For...

_____
_____
_____
_____
_____
_____
_____

Date:_____ **HAPPINESS**

Today I am Grateful For...

_____
_____
_____
_____
_____
_____
_____

Date:_____ **JOY**

Today I am Grateful For...

_____
_____
_____
_____
_____
_____
_____

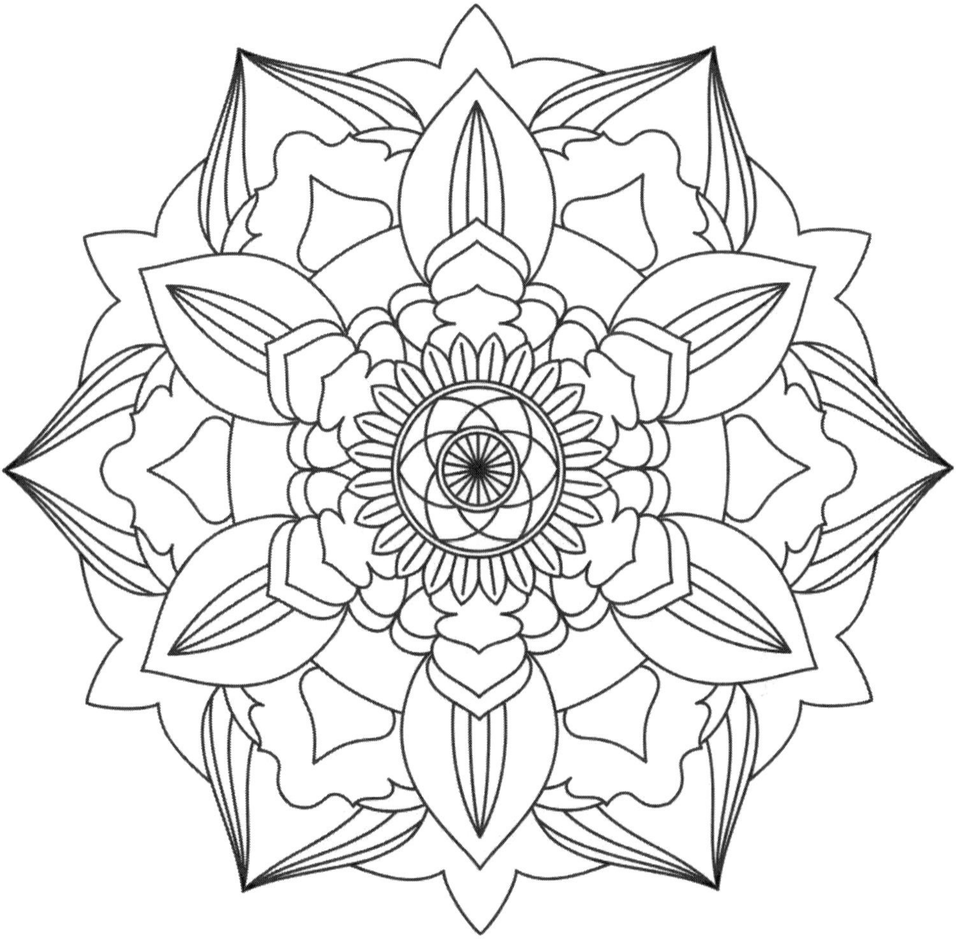

Date:_____ **HAPPINESS**

Today I am Grateful For...

_____
_____
_____
_____
_____
_____
_____

Date:_____ **JOY**

Today I am Grateful For...

_____
_____
_____
_____
_____
_____
_____

I'm thankful to get to live another day...

Date:_____ **HAPPINESS**

Today I am Grateful For...

_____
_____
_____
_____
_____
_____
_____

Date:_____ **JOY**

Today I am Grateful For...

_____
_____
_____
_____
_____
_____
_____

Date:_____ **HAPPINESS**

Today I am Grateful For...

_____
_____
_____
_____
_____
_____
_____

Date:_____ **JOY**

Today I am Grateful For...

_____
_____
_____
_____
_____
_____
_____

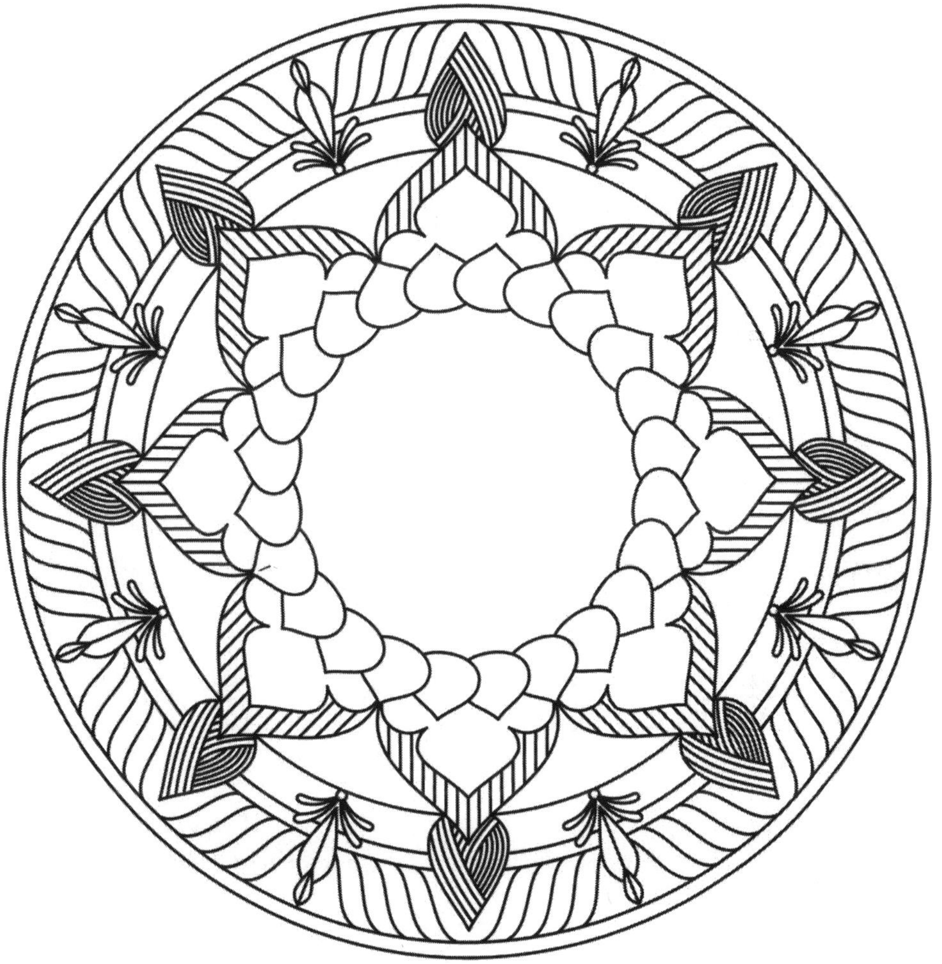

Date:_____ **HAPPINESS**

Today I am Grateful For...

_____
_____
_____
_____
_____
_____

Date:_____ **JOY**

Today I am Grateful For...

_____
_____
_____
_____
_____
_____

Every breath I take fills my soul with ease...

Date:_____ **HAPPINESS**

Today I am Grateful For...

_____
_____
_____
_____
_____
_____
_____

Date:_____ **JOY**

Today I am Grateful For...

_____
_____
_____
_____
_____
_____
_____

Date:_____ **HAPPINESS**

Today I am Grateful For...

_____
_____
_____
_____
_____
_____
_____

Date:_____ **JOY**

Today I am Grateful For...

_____
_____
_____
_____
_____
_____
_____

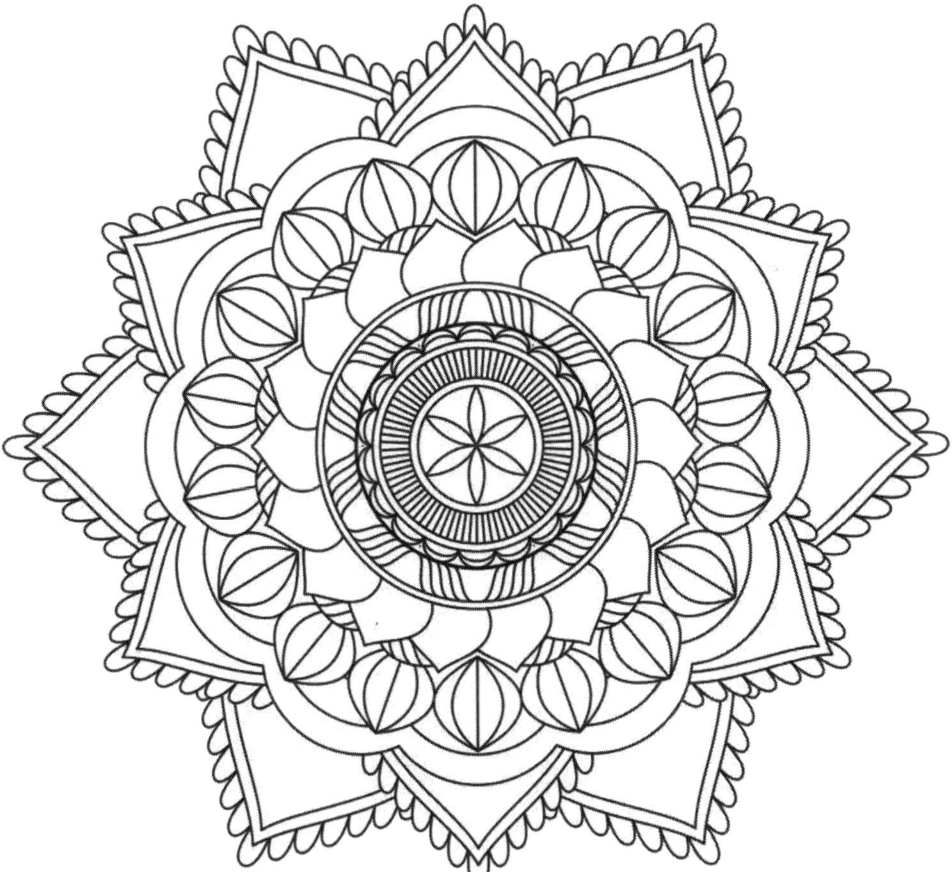

Date:_____ **HAPPINESS**

Today I am Grateful For...

_____
_____
_____
_____
_____
_____
_____

Date:_____ **JOY**

Today I am Grateful For...

_____
_____
_____
_____
_____
_____
_____

I can find pleasure in my life right now!

Date:_____ **HAPPINESS**

Today I am Grateful For...

_____
_____
_____
_____
_____
_____
_____

Date:_____ **JOY**

Today I am Grateful For...

_____
_____
_____
_____
_____
_____
_____

Date:_____ **HAPPINESS**

Today I am Grateful For...

_____
_____
_____
_____
_____
_____
_____

Date:_____ **JOY**

Today I am Grateful For...

_____
_____
_____
_____
_____
_____
_____

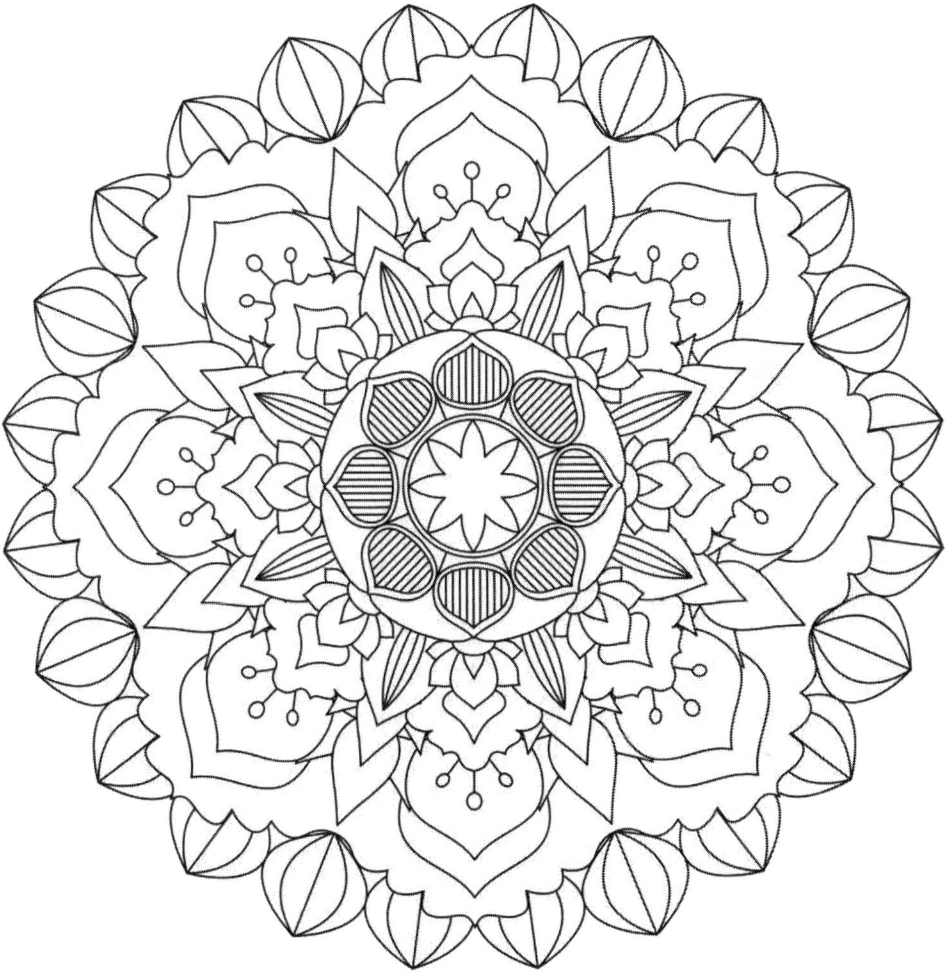

Date:_____ **HAPPINESS**

Today I am Grateful For...

_____
_____
_____
_____
_____
_____

Date:_____ **JOY**

Today I am Grateful For...

_____
_____
_____
_____
_____
_____

I don't have to be perfect. I just have to be me.

Date:_____ **HAPPINESS**

Today I am Grateful For...

_____
_____
_____
_____
_____
_____
_____

Date:_____ **JOY**

Today I am Grateful For...

_____
_____
_____
_____
_____
_____
_____

Date:_____ **HAPPINESS**

Today I am Grateful For...

_____
_____
_____
_____
_____
_____
_____

Date:_____ **JOY**

Today I am Grateful For...

_____
_____
_____
_____
_____
_____
_____

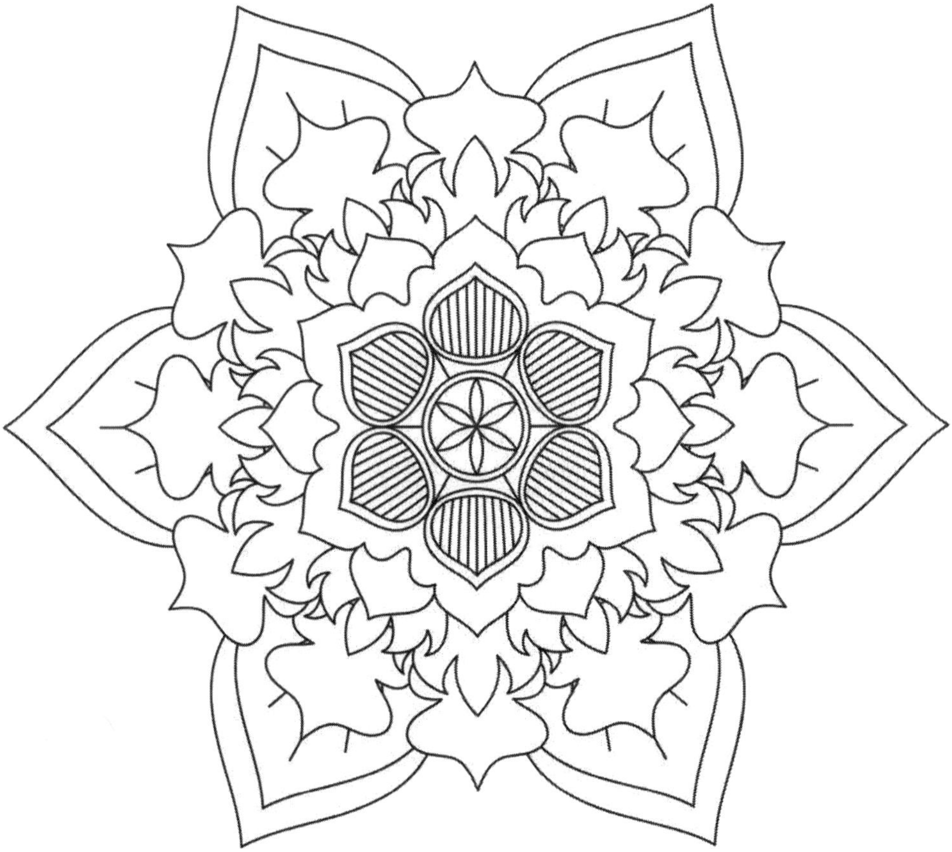

Date:_____ **HAPPINESS**

Today I am Grateful For...

_____
_____
_____
_____
_____
_____

Date:_____ **JOY**

Today I am Grateful For...

_____
_____
_____
_____
_____
_____

I have the power to live my dreams!

Date:_____   **HAPPINESS**

Today I am Grateful For...

_____
_____
_____
_____
_____
_____
_____

Date:_____   **JOY**

Today I am Grateful For...

_____
_____
_____
_____
_____
_____
_____

Date:_____ **HAPPINESS**

Today I am Grateful For...

_____
_____
_____
_____
_____
_____

Date:_____ **JOY**

Today I am Grateful For...

_____
_____
_____
_____
_____
_____

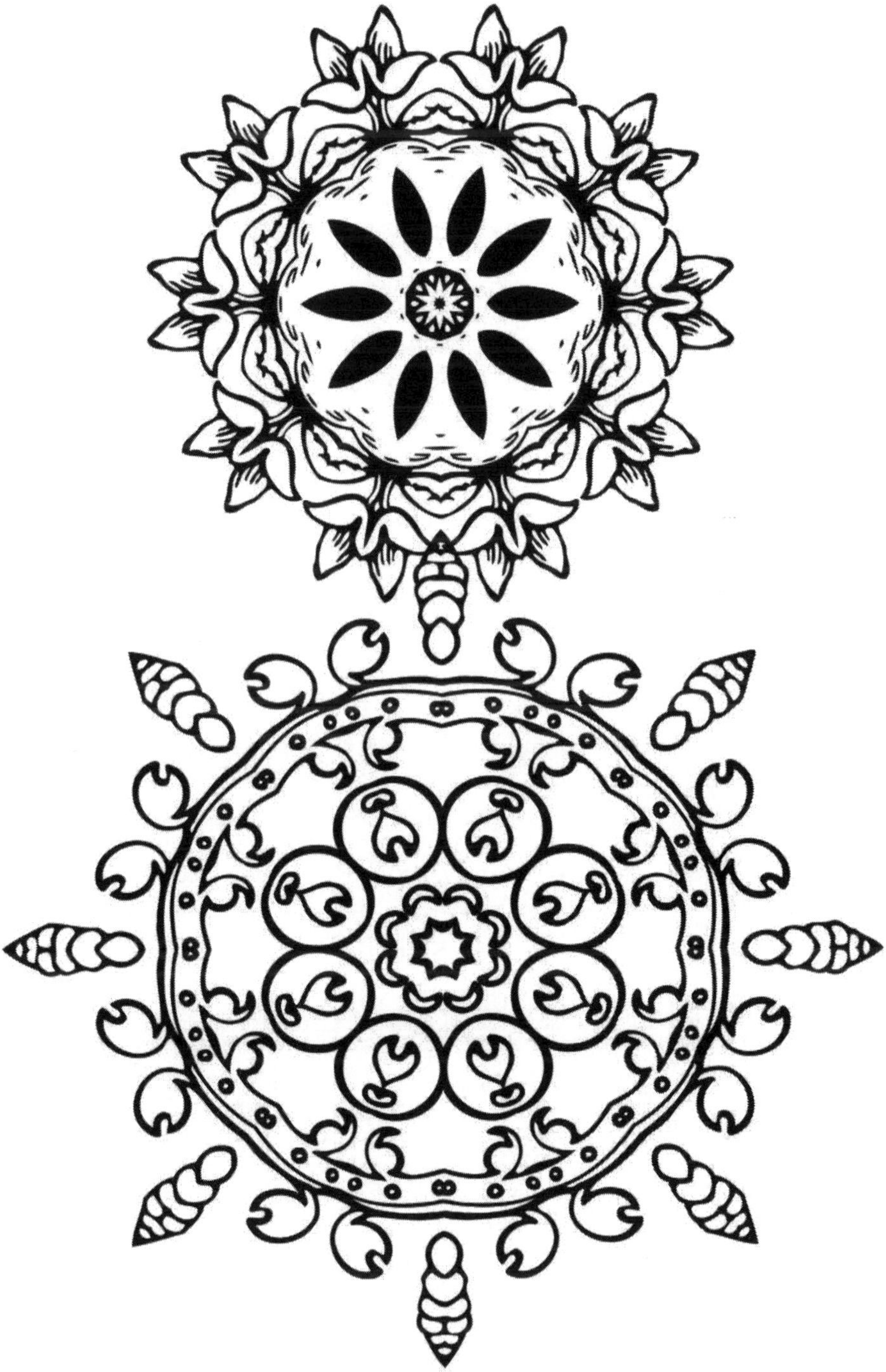

Date:_____ **HAPPINESS**

Today I am Grateful For...

_____
_____
_____
_____
_____
_____

Date:_____ **JOY**

Today I am Grateful For...

_____
_____
_____
_____
_____
_____

Live only in this moment...

Date:_____   **HAPPINESS**

Today I am Grateful For...

_____
_____
_____
_____
_____
_____
_____

Date:_____   **JOY**

Today I am Grateful For...

_____
_____
_____
_____
_____
_____
_____

Date:_____ **HAPPINESS**

Today I am Grateful For...

_____
_____
_____
_____
_____
_____

Date:_____ **JOY**

Today I am Grateful For...

_____
_____
_____
_____
_____
_____

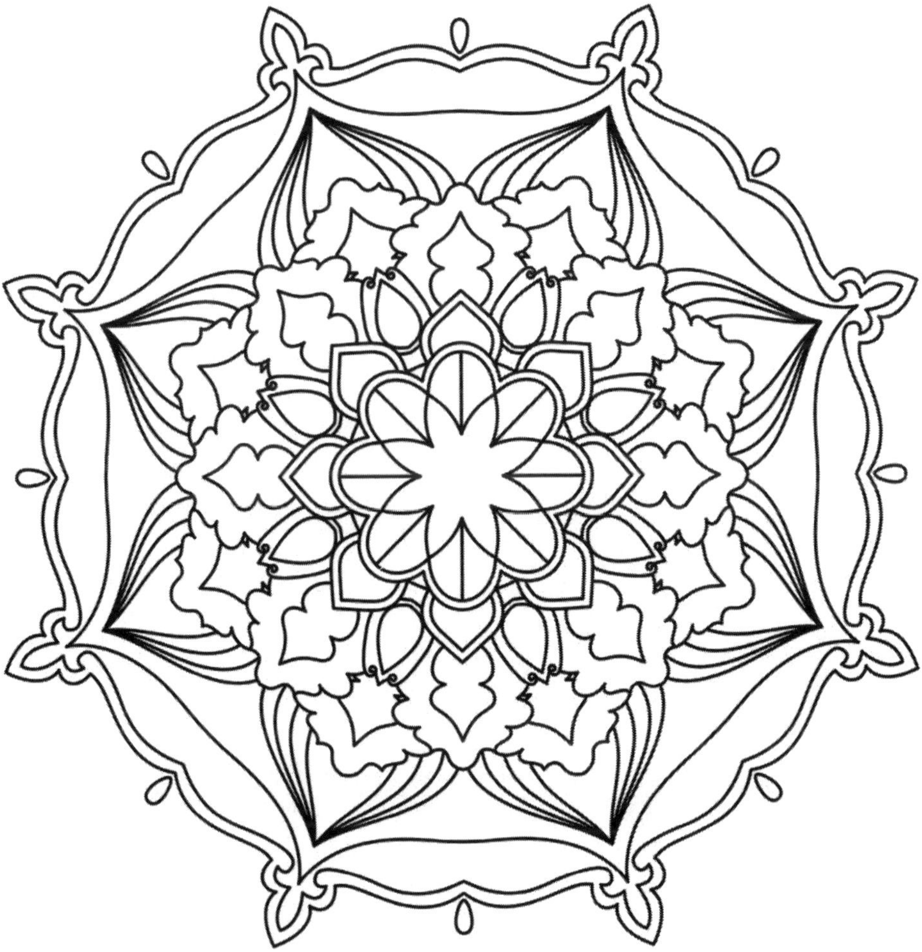

Date:_____   **HAPPINESS**

Today I am Grateful For...

_____
_____
_____
_____
_____
_____

Date:_____   **JOY**

Today I am Grateful For...

_____
_____
_____
_____
_____
_____

I have everything I need to overcome this challenge!

Date:_____   **HAPPINESS**

Today I am Grateful For...

_____
_____
_____
_____
_____
_____
_____

Date:_____   **JOY**

Today I am Grateful For...

_____
_____
_____
_____
_____
_____
_____

Date:_____ **HAPPINESS**

Today I am Grateful For...

_____
_____
_____
_____
_____
_____
_____

Date:_____ **JOY**

Today I am Grateful For...

_____
_____
_____
_____
_____
_____
_____

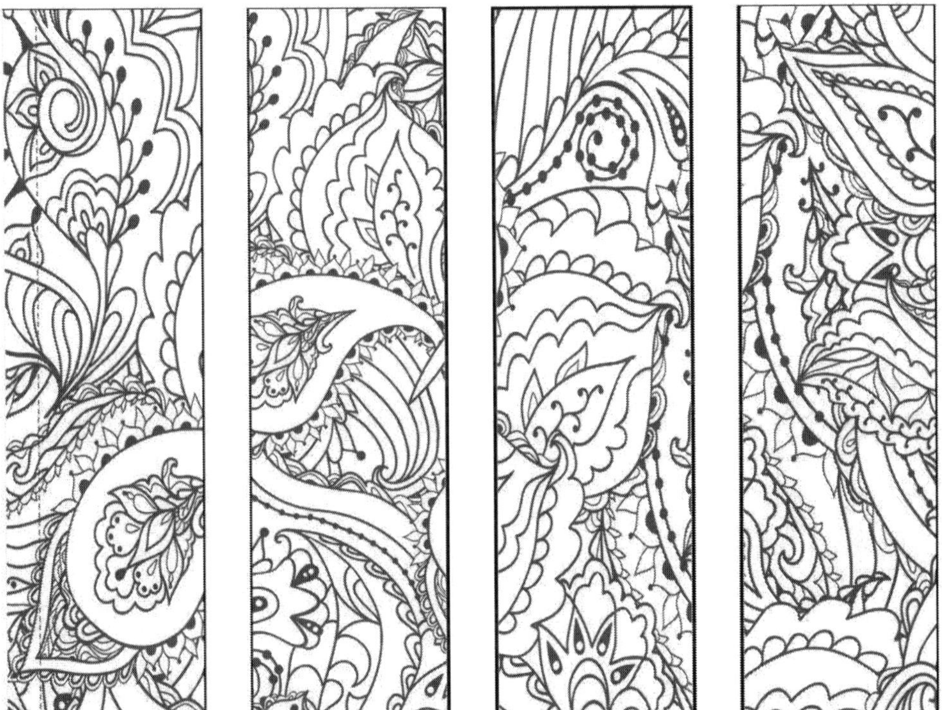

Date:_____ **HAPPINESS**

Today I am Grateful For...

_____
_____
_____
_____
_____
_____

Date:_____ **JOY**

Today I am Grateful For...

_____
_____
_____
_____
_____
_____

I am not alone in my struggles...

Date:_____ **HAPPINESS**

Today I am Grateful For...

_____
_____
_____
_____
_____
_____
_____
_____

Date:_____ **JOY**

Today I am Grateful For...

_____
_____
_____
_____
_____
_____
_____
_____

Date:_____ **HAPPINESS**

Today I am Grateful For...

_____
_____
_____
_____
_____
_____
_____

Date:_____ **JOY**

Today I am Grateful For...

_____
_____
_____
_____
_____
_____
_____

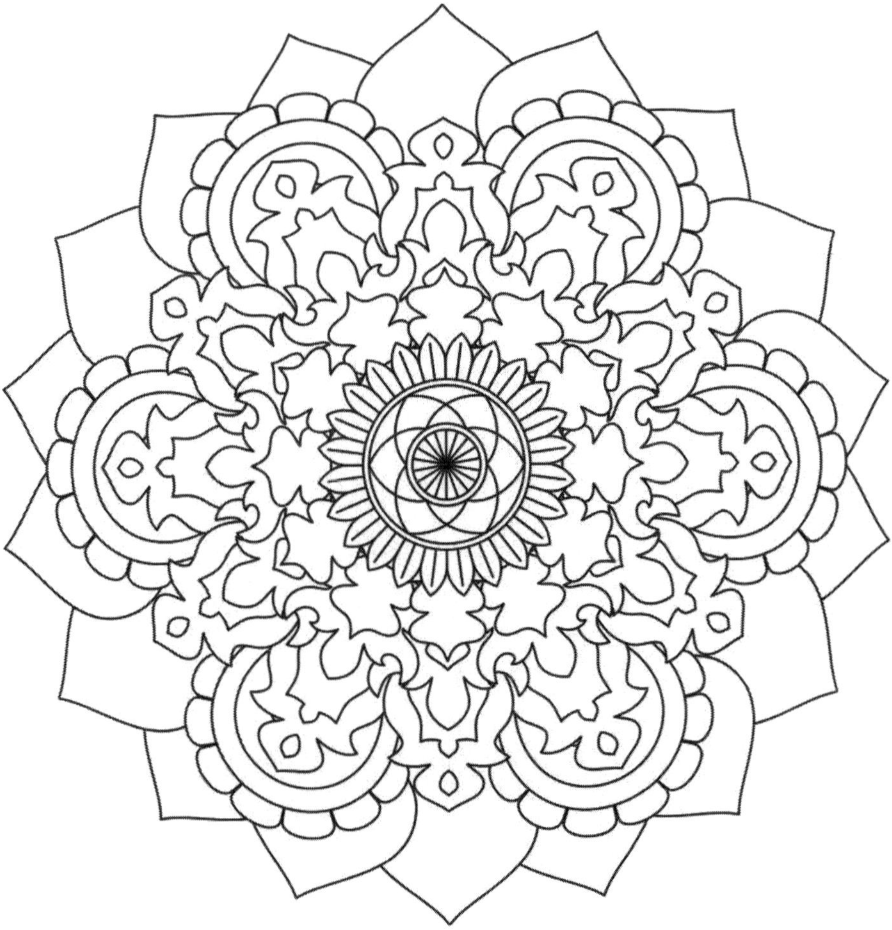

Date:_____ **HAPPINESS**

Today I am Grateful For...

_____
_____
_____
_____
_____
_____
_____

Date:_____ **JOY**

Today I am Grateful For...

_____
_____
_____
_____
_____
_____
_____

Today I will not stress over things I can't control.

Date:_____ **HAPPINESS**

Today I am Grateful For...

_____
_____
_____
_____
_____
_____
_____

Date:_____ **JOY**

Today I am Grateful For...

_____
_____
_____
_____
_____
_____
_____

Date:_____ **HAPPINESS**

Today I am Grateful For...

_____
_____
_____
_____
_____
_____

Date:_____ **JOY**

Today I am Grateful For...

_____
_____
_____
_____
_____
_____

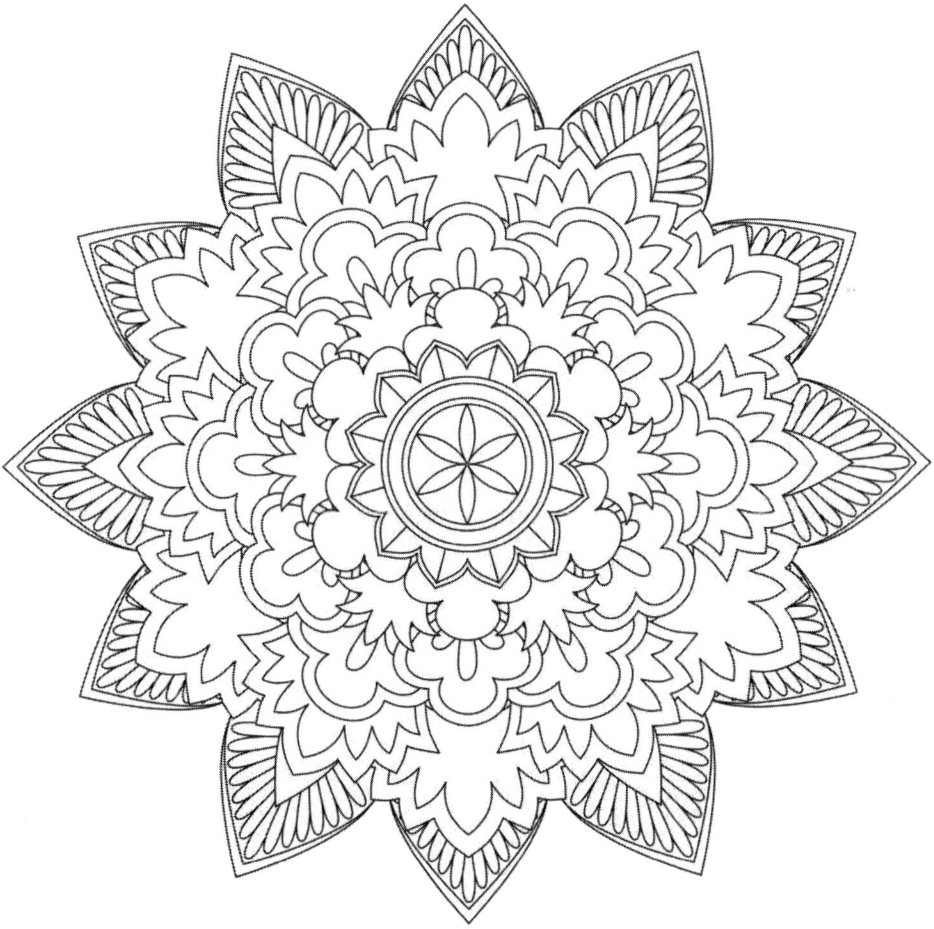

Date:_____ **HAPPINESS**

Today I am Grateful For...

_____
_____
_____
_____
_____
_____
_____

Date:_____ **JOY**

Today I am Grateful For...

_____
_____
_____
_____
_____
_____
_____

Date:_____ **HAPPINESS**

Today I am Grateful For...

_____
_____
_____
_____
_____
_____
_____

Date:_____ **JOY**

Today I am Grateful For...

_____
_____
_____
_____
_____
_____
_____

Date:_____ **HAPPINESS**

Today I am Grateful For...

_____
_____
_____
_____
_____
_____
_____

Date:_____ **JOY**

Today I am Grateful For...

_____
_____
_____
_____
_____
_____
_____

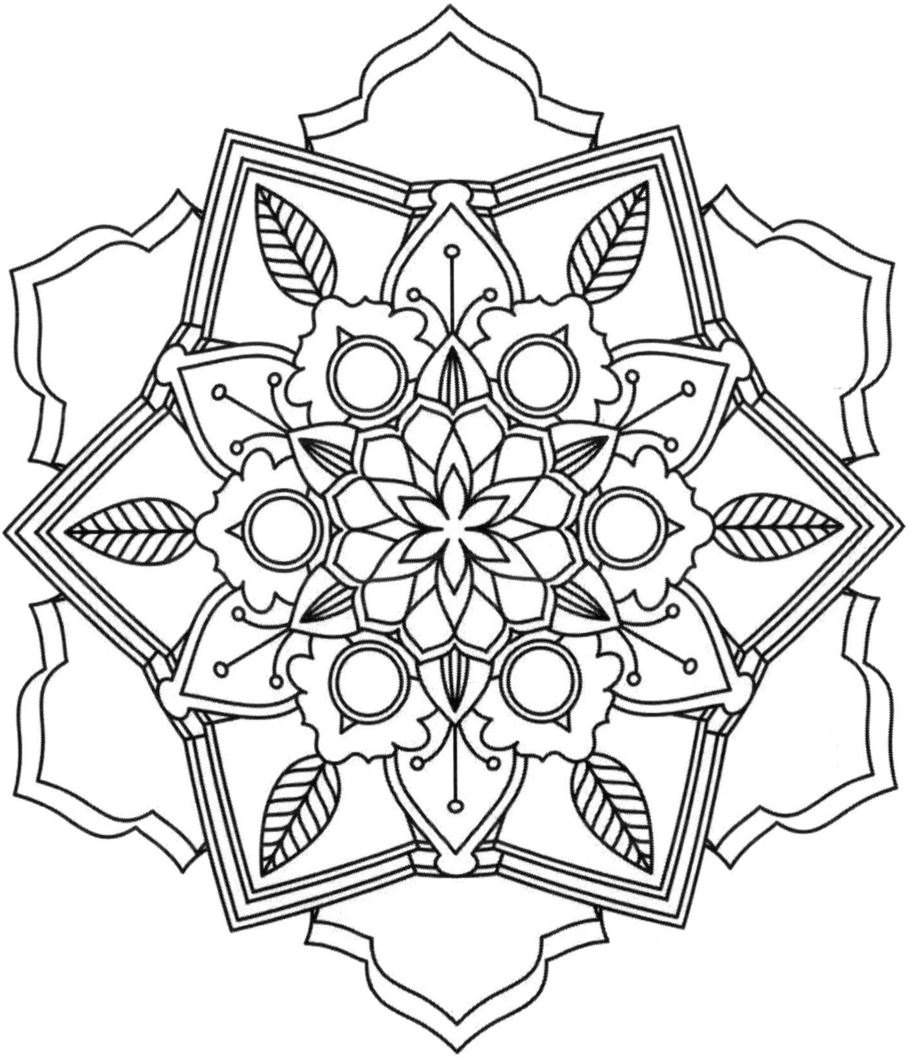

Date:_____ **HAPPINESS**

Today I am Grateful For...

_____
_____
_____
_____
_____
_____
_____

Date:_____ **JOY**

Today I am Grateful For...

_____
_____
_____
_____
_____
_____
_____

I will focus on what's going right, Not what's going wrong!

Date:_____ **HAPPINESS**

Today I am Grateful For...

_____
_____
_____
_____
_____
_____
_____

Date:_____ **JOY**

Today I am Grateful For...

_____
_____
_____
_____
_____
_____
_____

Date:_____ **HAPPINESS**

Today I am Grateful For...

_____
_____
_____
_____
_____
_____
_____

Date:_____ **JOY**

Today I am Grateful For...

_____
_____
_____
_____
_____
_____
_____

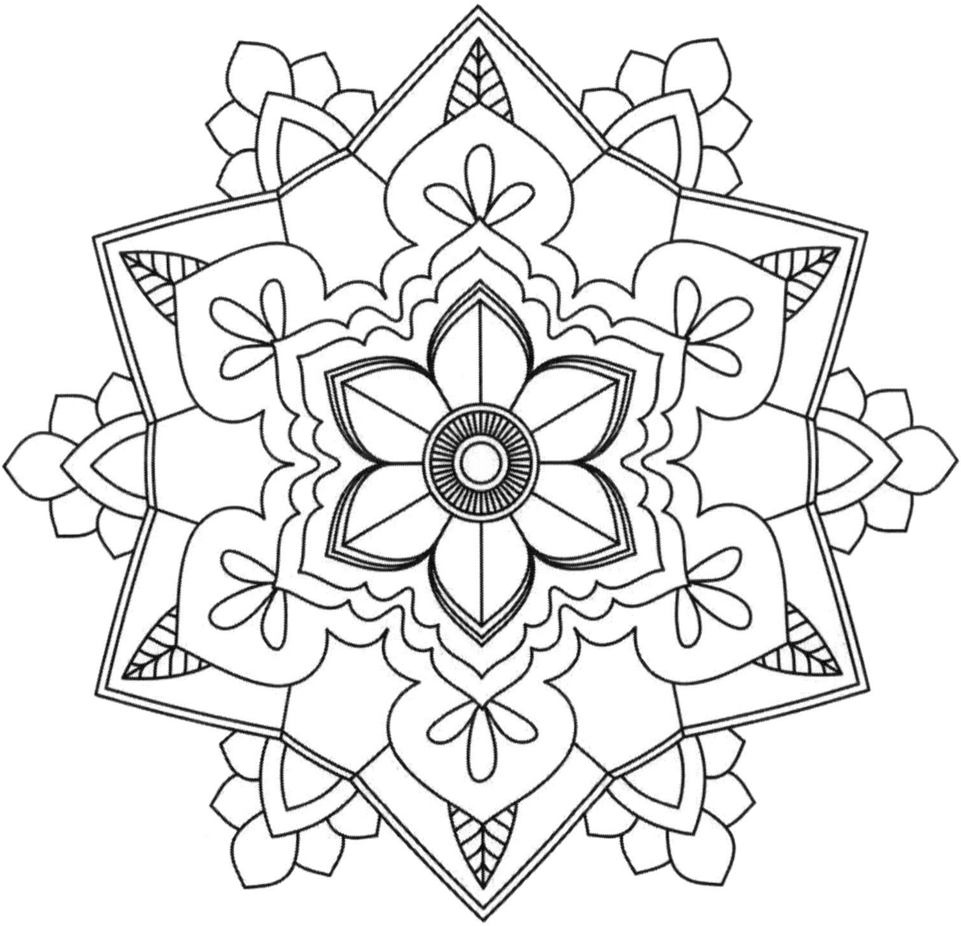

Date:_____ **HAPPINESS**

Today I am Grateful For...

_____
_____
_____
_____
_____
_____
_____

Date:_____ **JOY**

Today I am Grateful For...

_____
_____
_____
_____
_____
_____
_____

This is only temporary...

Date:_____ **HAPPINESS**

Today I am Grateful For...

_____
_____
_____
_____
_____
_____
_____

Date:_____ **JOY**

Today I am Grateful For...

_____
_____
_____
_____
_____
_____
_____

Date:_____ **HAPPINESS**

Today I am Grateful For...

_____
_____
_____
_____
_____
_____

Date:_____ **JOY**

Today I am Grateful For...

_____
_____
_____
_____
_____
_____

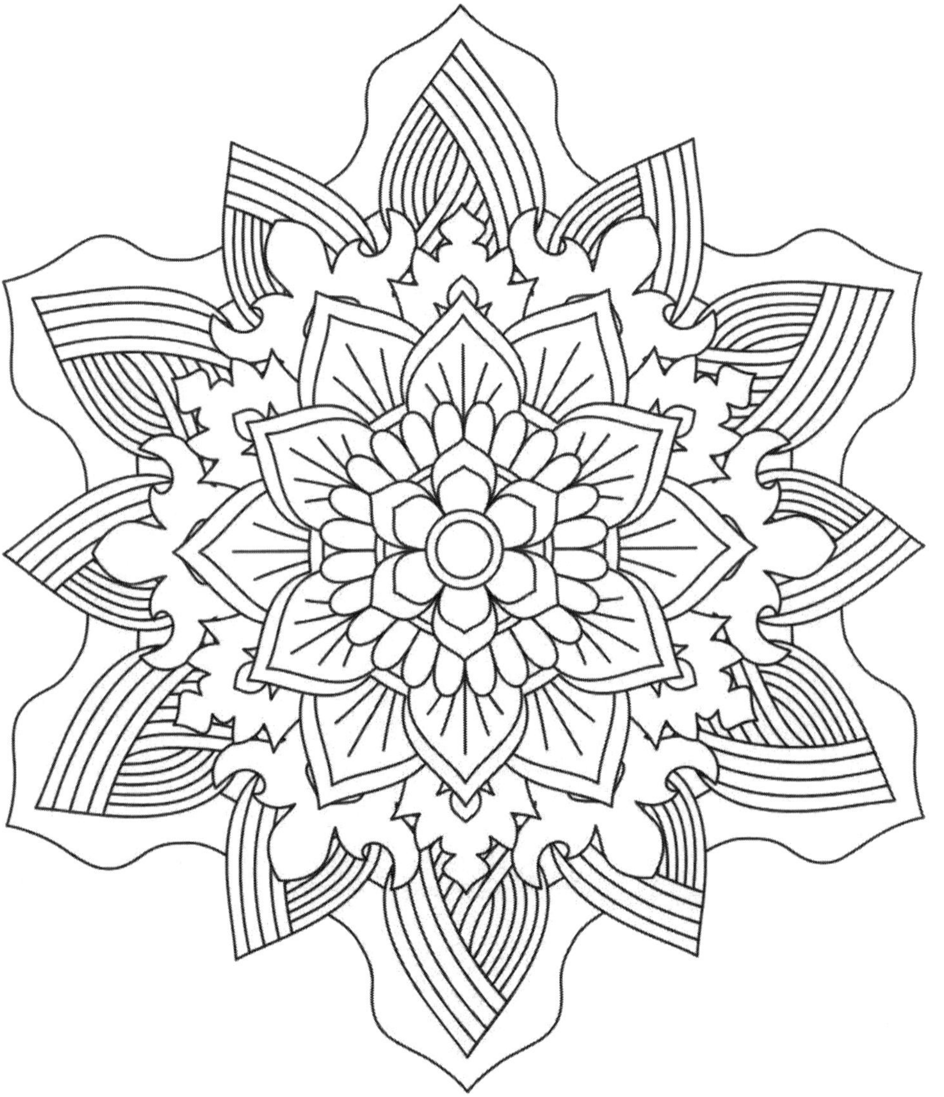

Date:_____ **HAPPINESS**

Today I am Grateful For...
_____
_____
_____
_____
_____

Date:_____ **JOY**

Today I am Grateful For...
_____
_____
_____
_____
_____

I have the power to change my story...

Date:_____   **HAPPINESS**

Today I am Grateful For...

_____
_____
_____
_____
_____
_____
_____

Date:_____   **JOY**

Today I am Grateful For...

_____
_____
_____
_____
_____
_____
_____

Date:_____ **HAPPINESS**

Today I am Grateful For...

_____
_____
_____
_____
_____

Date:_____ **JOY**

Today I am Grateful For...

_____
_____
_____
_____
_____

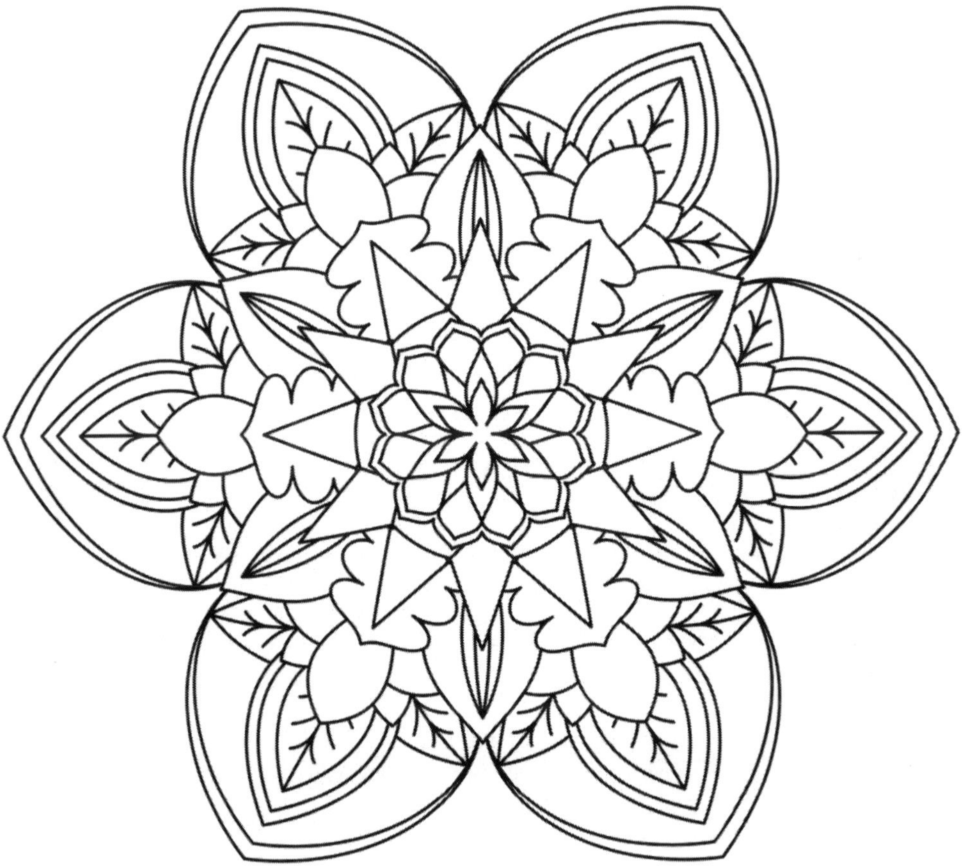

Date:_____ **HAPPINESS**

Today I am Grateful For...

_____
_____
_____
_____
_____
_____

Date:_____ **JOY**

Today I am Grateful For...

_____
_____
_____
_____
_____
_____

I believe in myself and my abilities!

Date:_____ **HAPPINESS**

Today I am Grateful For…

_____
_____
_____
_____
_____
_____
_____
_____

Date:_____ **JOY**

Today I am Grateful For…

_____
_____
_____
_____
_____
_____
_____
_____

Date:_____ **HAPPINESS**

Today I am Grateful For...

_____
_____
_____
_____
_____
_____

Date:_____ **JOY**

Today I am Grateful For...

_____
_____
_____
_____
_____
_____

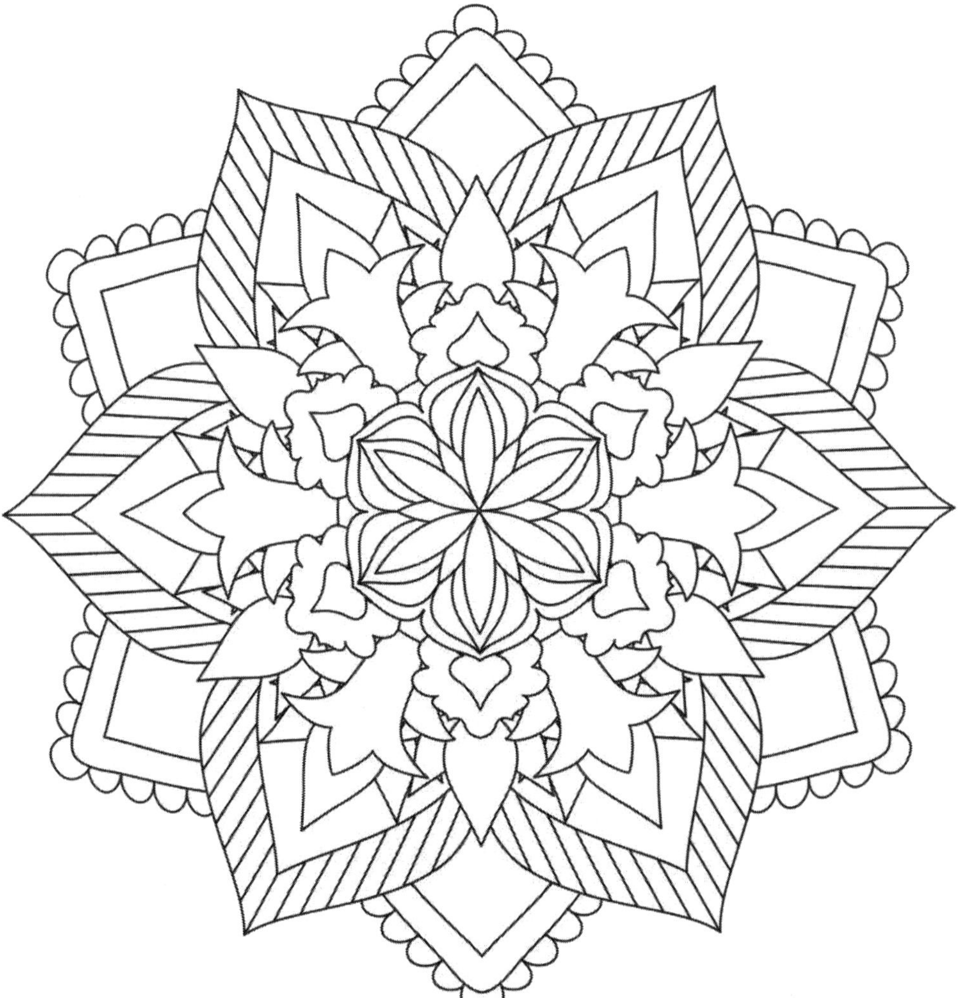

Date:_____ **HAPPINESS**

Today I am Grateful For...

_____
_____
_____
_____
_____
_____

Date:_____ **JOY**

Today I am Grateful For...

_____
_____
_____
_____
_____
_____

I am Relaxed. I am Calm...

Date:_____ **HAPPINESS**

Today I am Grateful For...

_____
_____
_____
_____
_____
_____
_____

Date:_____ **JOY**

Today I am Grateful For...

_____
_____
_____
_____
_____
_____
_____

Date:_____ **HAPPINESS**

Today I am Grateful For...

_____
_____
_____
_____
_____
_____
_____

Date:_____ **JOY**

Today I am Grateful For...

_____
_____
_____
_____
_____
_____
_____

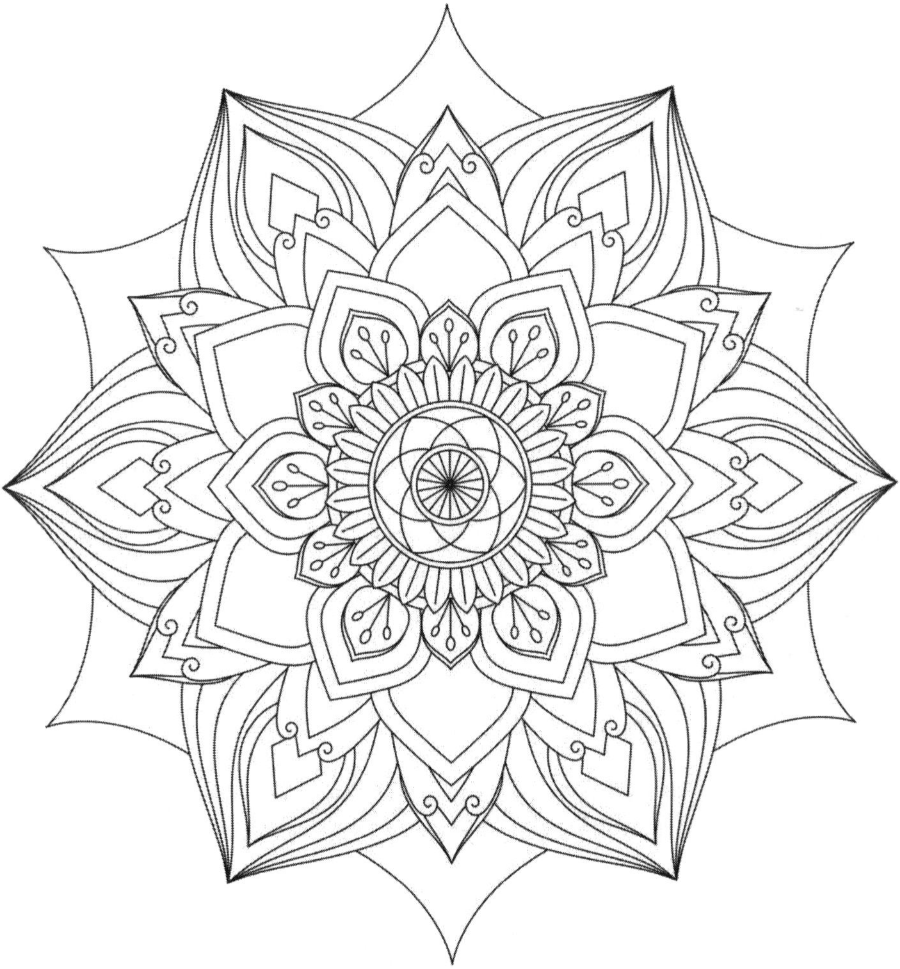

Date:_____ **HAPPINESS**

Today I am Grateful For...

_____
_____
_____
_____
_____
_____
_____

Date:_____ **JOY**

Today I am Grateful For...

_____
_____
_____
_____
_____
_____
_____

I will bend, so I don't break.

Date:_____   **HAPPINESS**

Today I am Grateful For…

_____
_____
_____
_____
_____
_____
_____

Date:_____   **JOY**

Today I am Grateful For…

_____
_____
_____
_____
_____
_____
_____

Date:_____ **HAPPINESS**

Today I am Grateful For...

_____
_____
_____
_____
_____
_____

Date:_____ **JOY**

Today I am Grateful For...

_____
_____
_____
_____
_____
_____

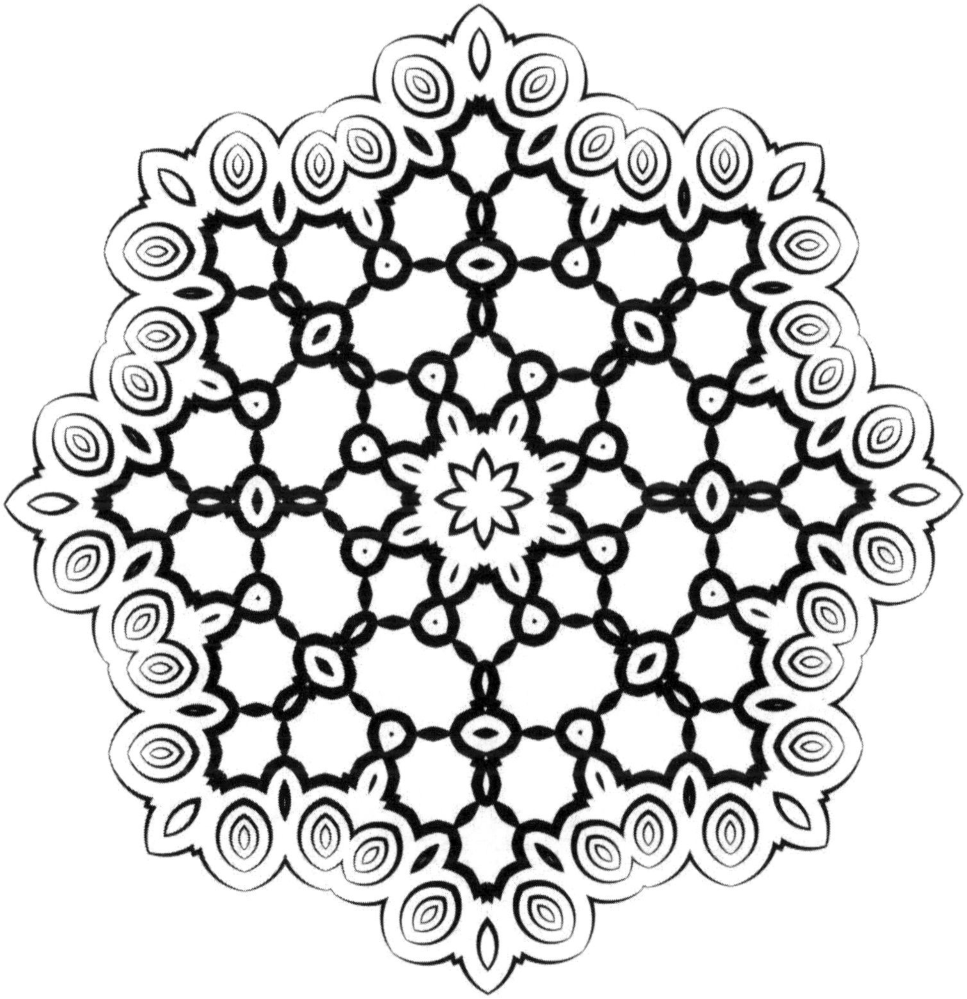

Date:_____ **HAPPINESS**

Today I am Grateful For...

_____
_____
_____
_____
_____
_____

Date:_____ **JOY**

Today I am Grateful For...

_____
_____
_____
_____
_____
_____

I am fearless and brave...

Date:_____ **HAPPINESS**

Today I am Grateful For...

_____
_____
_____
_____
_____
_____
_____

Date:_____ **JOY**

Today I am Grateful For...

_____
_____
_____
_____
_____
_____
_____

Date:_____ **HAPPINESS**

Today I am Grateful For...

_____
_____
_____
_____
_____
_____
_____

Date:_____ **JOY**

Today I am Grateful For...

_____
_____
_____
_____
_____
_____
_____

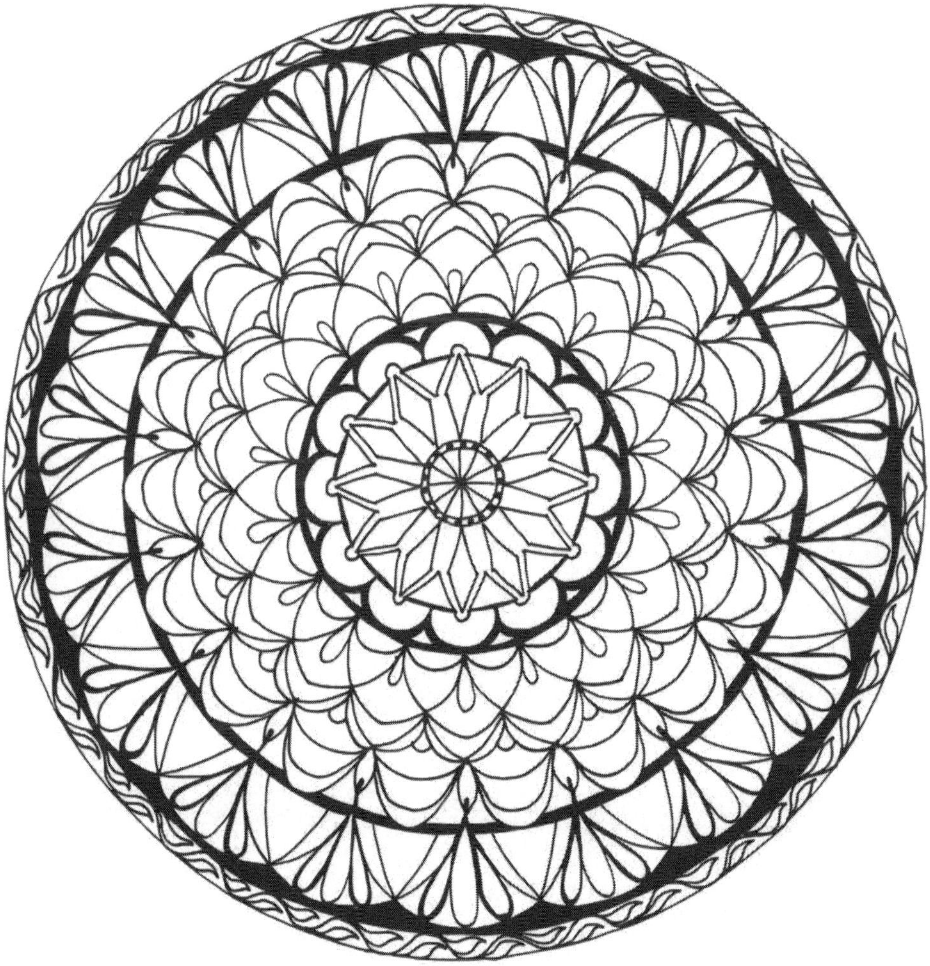

Date:_____   **HAPPINESS**

Today I am Grateful For...

_____
_____
_____
_____
_____
_____

Date:_____   **JOY**

Today I am Grateful For...

_____
_____
_____
_____
_____
_____

I am proud of myself and my accomplishments...

Date:_____ **HAPPINESS**

Today I am Grateful For…

_____
_____
_____
_____
_____
_____
_____

Date:_____ **JOY**

Today I am Grateful For…

_____
_____
_____
_____
_____
_____
_____

Date:_____ **HAPPINESS**

Today I am Grateful For...

_____
_____
_____
_____
_____
_____

Date:_____ **JOY**

Today I am Grateful For...

_____
_____
_____
_____
_____
_____

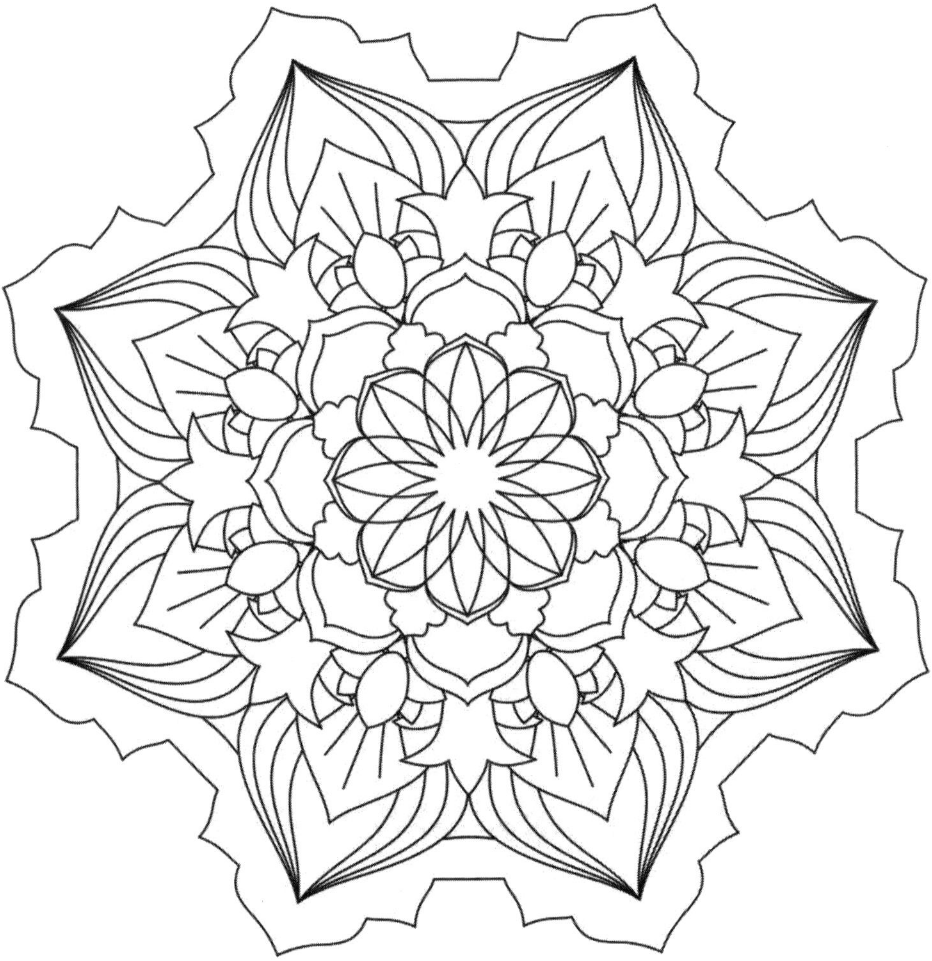

Date:_____ **HAPPINESS**

Today I am Grateful For...

_____
_____
_____
_____
_____
_____

Date:_____ **JOY**

Today I am Grateful For...

_____
_____
_____
_____
_____
_____

I am in charge of how I feel...

Date:_____ **HAPPINESS**

Today I am Grateful For...

_____
_____
_____
_____
_____
_____
_____
_____

Date:_____ **JOY**

Today I am Grateful For...

_____
_____
_____
_____
_____
_____
_____
_____

Date:_____ **HAPPINESS**

Today I am Grateful For...

_____
_____
_____
_____
_____
_____

Date:_____ **JOY**

Today I am Grateful For...

_____
_____
_____
_____
_____
_____

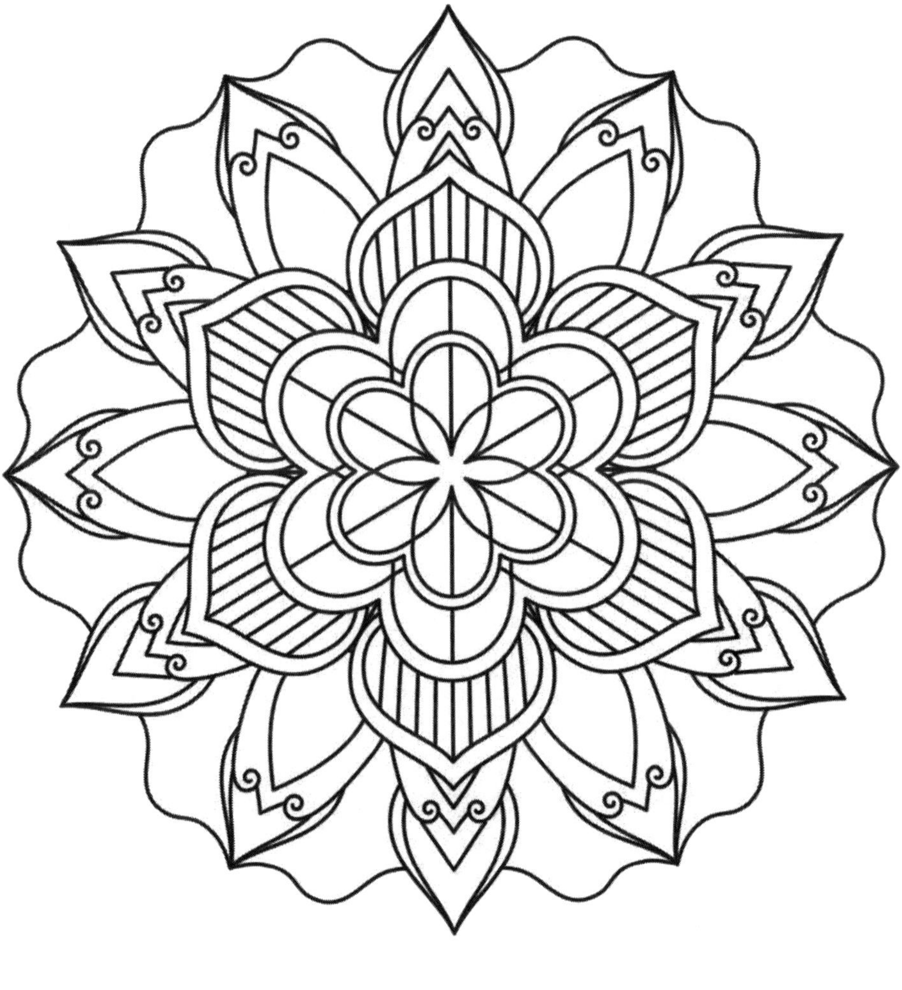

Date:_____ **HAPPINESS**

Today I am Grateful For...

_____
_____
_____
_____
_____
_____

Date:_____ **JOY**

Today I am Grateful For...

_____
_____
_____
_____
_____
_____

I choose not to take it personally...

Date:_____ **HAPPINESS**

Today I am Grateful For...

_____
_____
_____
_____
_____
_____
_____
_____

Date:_____ **JOY**

Today I am Grateful For...

_____
_____
_____
_____
_____
_____
_____
_____

Date:_____ **HAPPINESS**

Today I am Grateful For...

_____
_____
_____
_____
_____
_____

Date:_____ **JOY**

Today I am Grateful For...

_____
_____
_____
_____
_____
_____

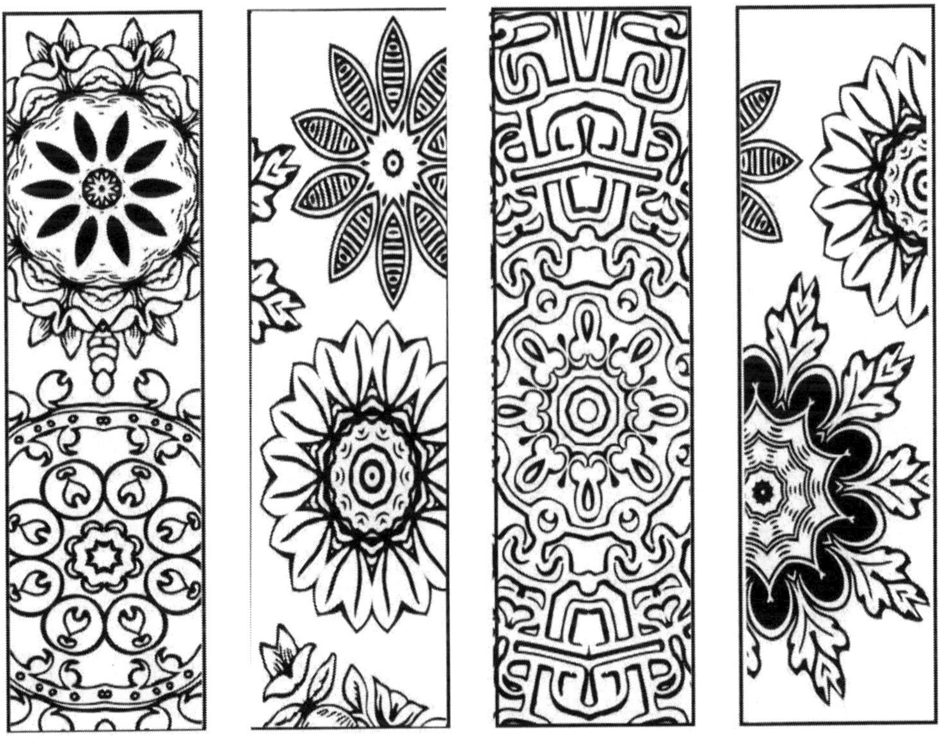

Date:_____ **HAPPINESS**

Today I am Grateful For...

_____
_____
_____
_____
_____
_____

Date:_____ **JOY**

Today I am Grateful For...

_____
_____
_____
_____
_____
_____

All I need is within me...

Date:_____   **HAPPINESS**

Today I am Grateful For...

_____
_____
_____
_____
_____
_____
_____

Date:_____   **JOY**

Today I am Grateful For...

_____
_____
_____
_____
_____
_____
_____

Date:_____ **HAPPINESS**

Today I am Grateful For...

_____
_____
_____
_____
_____
_____
_____

Date:_____ **JOY**

Today I am Grateful For...

_____
_____
_____
_____
_____
_____
_____

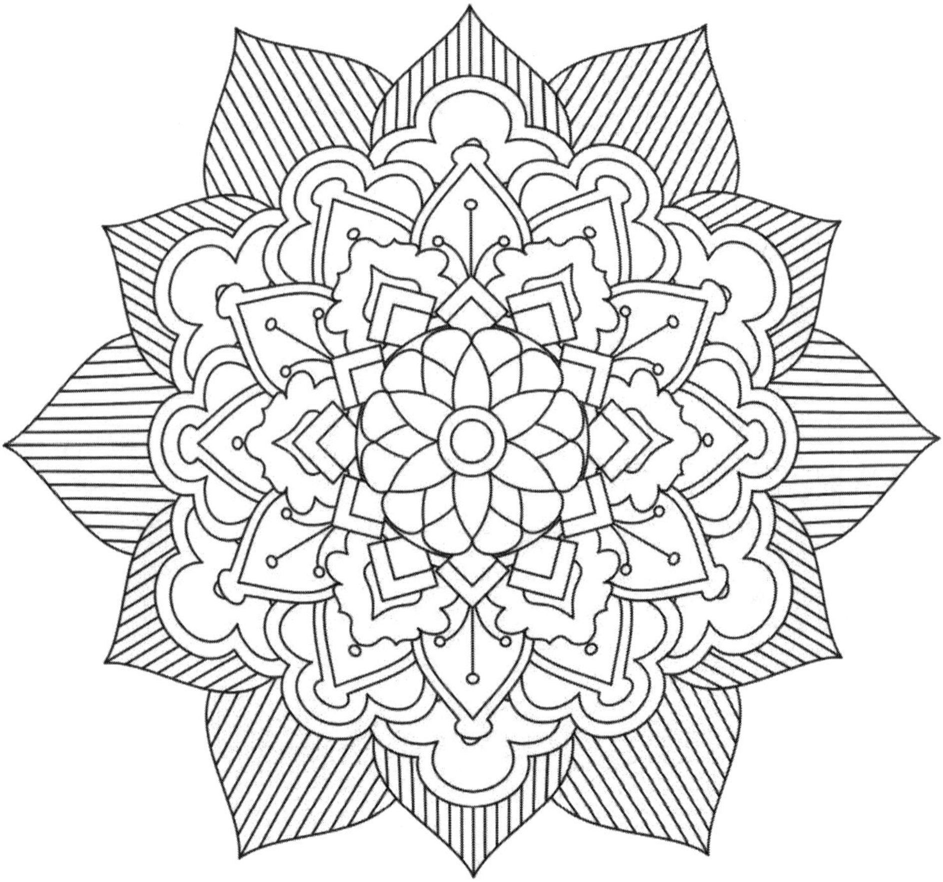

Date:_____ **HAPPINESS**

Today I am Grateful For...

_____
_____
_____
_____
_____
_____
_____

Date:_____ **JOY**

Today I am Grateful For...

_____
_____
_____
_____
_____
_____
_____

Surround yourself with positive people...

Date:_____   **HAPPINESS**

Today I am Grateful For...

_____
_____
_____
_____
_____
_____
_____

Date:_____   **JOY**

Today I am Grateful For...

_____
_____
_____
_____
_____
_____
_____

Date:_____   **HAPPINESS**

Today I am Grateful For...

_____
_____
_____
_____
_____
_____
_____

Date:_____   **JOY**

Today I am Grateful For...

_____
_____
_____
_____
_____
_____
_____